Company Name _____

Registration number _____

Address_____

_____

_____

_____

Contact Numbers _____

_____

E-Mail Address _____

_____

Log Book #_____

Continued from Log Book #_____

Date Started _____

Date Completed _____

Reporting Period From _____ **To** _____

Balance Carried Forward _____

Date	Purpose	Cash in	Cash out	Balance	Signed
/ /					
/ /					
/ /					
/ /					
/ /					
/ /					
/ /					
/ /					
/ /					
/ /					
/ /					
/ /					
/ /					
/ /					

Balance In	Balance Out	End Balance

Signed _____ **Date** ___/____/_____

Notes:

Reporting Period From _____ **To** _____

Balance Carried Forward _____

Date	Purpose	Cash in	Cash out	Balance	Signed
/ /					
/ /					
/ /					
/ /					
/ /					
/ /					
/ /					
/ /					
/ /					
/ /					
/ /					
/ /					
/ /					

Balance In	Balance Out	End Balance

Signed _____ **Date** ___/____/_____

Notes:

Reporting Period From _____ **To** _____

Balance Carried Forward _____

Date	Purpose	Cash in	Cash out	Balance	Signed
/ /					
/ /					
/ /					
/ /					
/ /					
/ /					
/ /					
/ /					
/ /					
/ /					
/ /					
/ /					
/ /					
/ /					

Balance In	Balance Out	End Balance

Signed _____ **Date** __/____/_____

Notes:

Reporting Period From _____ **To** _____

Balance Carried Forward _____

Date	Purpose	Cash in	Cash out	Balance	Signed
/ /					
/ /					
/ /					
/ /					
/ /					
/ /					
/ /					
/ /					
/ /					
/ /					
/ /					
/ /					
/ /					

Balance In	Balance Out	End Balance

Signed _____ Date __/____/_____

Notes:

Reporting Period From _____ **To** _____

Balance Carried Forward _____

Date	Purpose	Cash in	Cash out	Balance	Signed
/ /					
/ /					
/ /					
/ /					
/ /					
/ /					
/ /					
/ /					
/ /					
/ /					
/ /					
/ /					
/ /					

Balance In	Balance Out	End Balance

Signed _____ Date __/____/_____

Notes:

Reporting Period From _____ **To** _____

Balance Carried Forward _____

Date	Purpose	Cash in	Cash out	Balance	Signed
/ /					
/ /					
/ /					
/ /					
/ /					
/ /					
/ /					
/ /					
/ /					
/ /					
/ /					
/ /					
/ /					

Balance In	Balance Out	End Balance

Signed _____ **Date** ___/____/_____

Notes:

Reporting Period From _____ **To** _____

Balance Carried Forward _____

Date	Purpose	Cash in	Cash out	Balance	Signed
/ /					
/ /					
/ /					
/ /					
/ /					
/ /					
/ /					
/ /					
/ /					
/ /					
/ /					
/ /					
/ /					

Balance In	Balance Out	End Balance

Signed _____ **Date** __/____/_____

Notes:

Reporting Period From _____ **To** _____

Balance Carried Forward _____

Date	Purpose	Cash in	Cash out	Balance	Signed
/ /					
/ /					
/ /					
/ /					
/ /					
/ /					
/ /					
/ /					
/ /					
/ /					
/ /					
/ /					
/ /					

Balance In	Balance Out	End Balance

Signed _____ **Date** __/____/_____

Notes:

Reporting Period From _____ **To** _____

Balance Carried Forward _____

Date	Purpose	Cash in	Cash out	Balance	Signed
/ /					
/ /					
/ /					
/ /					
/ /					
/ /					
/ /					
/ /					
/ /					
/ /					
/ /					
/ /					
/ /					

Balance In	Balance Out	End Balance

Signed _____ **Date** __/____/_____

Notes:

Reporting Period From _____ **To** _____

Balance Carried Forward _____

Date	Purpose	Cash in	Cash out	Balance	Signed
/ /					
/ /					
/ /					
/ /					
/ /					
/ /					
/ /					
/ /					
/ /					
/ /					
/ /					
/ /					
/ /					
/ /					

Balance In	Balance Out	End Balance

Signed _____ **Date** __/____/_____

Notes:

Reporting Period From _____ **To** _____

Balance Carried Forward _____

Date	Purpose	Cash in	Cash out	Balance	Signed
/ /					
/ /					
/ /					
/ /					
/ /					
/ /					
/ /					
/ /					
/ /					
/ /					
/ /					
/ /					
/ /					
/ /					

Balance In	Balance Out	End Balance

Signed _____ **Date** __/____/_____

Notes:

Reporting Period From _____ **To** _____

Balance Carried Forward _____

Date	Purpose	Cash in	Cash out	Balance	Signed
/ /					
/ /					
/ /					
/ /					
/ /					
/ /					
/ /					
/ /					
/ /					
/ /					
/ /					
/ /					
/ /					

Balance In	Balance Out	End Balance

Signed _____ **Date** __/____/_____

Notes:

Reporting Period From _____ **To** _____

Balance Carried Forward _____

Date	Purpose	Cash in	Cash out	Balance	Signed
/ /					
/ /					
/ /					
/ /					
/ /					
/ /					
/ /					
/ /					
/ /					
/ /					
/ /					
/ /					
/ /					

Balance In	Balance Out	End Balance

Signed _____ **Date** ___/____/_____

Notes:

Reporting Period From _____ **To** _____

Balance Carried Forward _____

Date	Purpose	Cash in	Cash out	Balance	Signed
/ /					
/ /					
/ /					
/ /					
/ /					
/ /					
/ /					
/ /					
/ /					
/ /					
/ /					
/ /					
/ /					

Balance In	Balance Out	End Balance

Signed _____ Date __/____/_____

Notes:

Reporting Period From _____ **To** _____

Balance Carried Forward _____

Date	Purpose	Cash in	Cash out	Balance	Signed
/ /					
/ /					
/ /					
/ /					
/ /					
/ /					
/ /					
/ /					
/ /					
/ /					
/ /					
/ /					
/ /					
/ /					

Balance In	Balance Out	End Balance

Signed _____   **Date** ___/___/_____

Notes:

Reporting Period From _____ **To** _____

Balance Carried Forward _____

Date	Purpose	Cash in	Cash out	Balance	Signed
/ /					
/ /					
/ /					
/ /					
/ /					
/ /					
/ /					
/ /					
/ /					
/ /					
/ /					
/ /					
/ /					

Balance In	Balance Out	End Balance

Signed _____ Date ___/____/_____

Notes:

Reporting Period From _____ **To** _____

Balance Carried Forward _____

Date	Purpose	Cash in	Cash out	Balance	Signed
/ /					
/ /					
/ /					
/ /					
/ /					
/ /					
/ /					
/ /					
/ /					
/ /					
/ /					
/ /					
/ /					

Balance In	Balance Out	End Balance

Signed _____ **Date** __/____/_____

Notes:

Reporting Period From _____ **To** _____

Balance Carried Forward _____

Date	Purpose	Cash in	Cash out	Balance	Signed
/ /					
/ /					
/ /					
/ /					
/ /					
/ /					
/ /					
/ /					
/ /					
/ /					
/ /					
/ /					
/ /					

Balance In	Balance Out	End Balance

Signed _____ **Date** __/____/_____

Notes:

Reporting Period From _____ **To** _____

Balance Carried Forward _____

Date	Purpose	Cash in	Cash out	Balance	Signed
/ /					
/ /					
/ /					
/ /					
/ /					
/ /					
/ /					
/ /					
/ /					
/ /					
/ /					
/ /					
/ /					

Balance In	Balance Out	End Balance

Signed _____ **Date** __/____/_____

Notes:

Reporting Period From _____ **To** _____

Balance Carried Forward _____

Date	Purpose	Cash in	Cash out	Balance	Signed
/ /					
/ /					
/ /					
/ /					
/ /					
/ /					
/ /					
/ /					
/ /					
/ /					
/ /					
/ /					
/ /					

Balance In	Balance Out	End Balance

Signed _____ Date __/____/_____

Notes:

Reporting Period From _____ **To** _____

Balance Carried Forward _____

Date	Purpose	Cash in	Cash out	Balance	Signed
/ /					
/ /					
/ /					
/ /					
/ /					
/ /					
/ /					
/ /					
/ /					
/ /					
/ /					
/ /					
/ /					
/ /					

Balance In	Balance Out	End Balance

Signed _____ **Date** __/____/_____

Notes:

Reporting Period From _____ **To** _____

Balance Carried Forward _____

Date	Purpose	Cash in	Cash out	Balance	Signed
/ /					
/ /					
/ /					
/ /					
/ /					
/ /					
/ /					
/ /					
/ /					
/ /					
/ /					
/ /					
/ /					

Balance In	Balance Out	End Balance

Signed _____ Date __/____/_____

Notes:

Reporting Period From _____ **To** _____

Balance Carried Forward _____

Date	Purpose	Cash in	Cash out	Balance	Signed
/ /					
/ /					
/ /					
/ /					
/ /					
/ /					
/ /					
/ /					
/ /					
/ /					
/ /					
/ /					
/ /					
/ /					

Balance In	Balance Out	End Balance

Signed _____ **Date** __/____/_____

Notes:

Reporting Period From _____ **To** _____

Balance Carried Forward _____

Date	Purpose	Cash in	Cash out	Balance	Signed
/ /					
/ /					
/ /					
/ /					
/ /					
/ /					
/ /					
/ /					
/ /					
/ /					
/ /					
/ /					
/ /					

Balance In	Balance Out	End Balance

Signed _____ Date __/____/_____

Notes:

Reporting Period From _____ **To** _____

Balance Carried Forward _____

Date	Purpose	Cash in	Cash out	Balance	Signed
/ /					
/ /					
/ /					
/ /					
/ /					
/ /					
/ /					
/ /					
/ /					
/ /					
/ /					
/ /					
/ /					

Balance In	Balance Out	End Balance

Signed _____ **Date** __/____/_____

Notes:

Reporting Period From _____ **To** _____

Balance Carried Forward _____

Date	Purpose	Cash in	Cash out	Balance	Signed
/ /					
/ /					
/ /					
/ /					
/ /					
/ /					
/ /					
/ /					
/ /					
/ /					
/ /					
/ /					
/ /					

Balance In	Balance Out	End Balance

Signed _____ **Date** __/____/_____

Notes:

Reporting Period From _____ **To** _____

Balance Carried Forward _____

Date	Purpose	Cash in	Cash out	Balance	Signed
/ /					
/ /					
/ /					
/ /					
/ /					
/ /					
/ /					
/ /					
/ /					
/ /					
/ /					
/ /					
/ /					

Balance In	Balance Out	End Balance

Signed _____ Date __/____/_____

Notes:

Reporting Period From _____ **To** _____

Balance Carried Forward _____

Date	Purpose	Cash in	Cash out	Balance	Signed
/ /					
/ /					
/ /					
/ /					
/ /					
/ /					
/ /					
/ /					
/ /					
/ /					
/ /					
/ /					

Balance In	Balance Out	End Balance

Signed _____ Date __/____/_____

Notes:

Reporting Period From _____ **To** _____

Balance Carried Forward _____

Date	Purpose	Cash in	Cash out	Balance	Signed
/ /					
/ /					
/ /					
/ /					
/ /					
/ /					
/ /					
/ /					
/ /					
/ /					
/ /					
/ /					
/ /					

Balance In	Balance Out	End Balance

Signed _____ Date __/____/_____

Notes:

Reporting Period From _____ **To** _____

Balance Carried Forward _____

Date	Purpose	Cash in	Cash out	Balance	Signed
/ /					
/ /					
/ /					
/ /					
/ /					
/ /					
/ /					
/ /					
/ /					
/ /					
/ /					
/ /					

Balance In	Balance Out	End Balance

Signed _____ **Date** __/____/_____

Notes:

Reporting Period From _____ **To** _____

Balance Carried Forward _____

Date	Purpose	Cash in	Cash out	Balance	Signed
/ /					
/ /					
/ /					
/ /					
/ /					
/ /					
/ /					
/ /					
/ /					
/ /					
/ /					
/ /					
/ /					

Balance In	Balance Out	End Balance

Signed _____ **Date** ___/___/_____

Notes:

Reporting Period From _____ **To** _____

Balance Carried Forward _____

Date	Purpose	Cash in	Cash out	Balance	Signed
/ /					
/ /					
/ /					
/ /					
/ /					
/ /					
/ /					
/ /					
/ /					
/ /					
/ /					
/ /					
/ /					

Balance In	Balance Out	End Balance

Signed _____ **Date** __/____/_____

Notes:

Reporting Period From _____ **To** _____

Balance Carried Forward _____

Date	Purpose	Cash in	Cash out	Balance	Signed
/ /					
/ /					
/ /					
/ /					
/ /					
/ /					
/ /					
/ /					
/ /					
/ /					
/ /					
/ /					
/ /					

Balance In	Balance Out	End Balance

Signed _____ **Date** __/____/_____

Notes:

Reporting Period From _____ **To** _____

Balance Carried Forward _____

Date	Purpose	Cash in	Cash out	Balance	Signed
/ /					
/ /					
/ /					
/ /					
/ /					
/ /					
/ /					
/ /					
/ /					
/ /					
/ /					
/ /					
/ /					

Balance In	Balance Out	End Balance

Signed _____ **Date** __/____/_____

Notes:

Reporting Period From _____ **To** _____

Balance Carried Forward _____

Date	Purpose	Cash in	Cash out	Balance	Signed
/ /					
/ /					
/ /					
/ /					
/ /					
/ /					
/ /					
/ /					
/ /					
/ /					
/ /					
/ /					
/ /					

Balance In	Balance Out	End Balance

Signed _____ **Date** __/____/_____

Notes:

Reporting Period From _____ **To** _____

Balance Carried Forward _____

Date	Purpose	Cash in	Cash out	Balance	Signed
/ /					
/ /					
/ /					
/ /					
/ /					
/ /					
/ /					
/ /					
/ /					
/ /					
/ /					
/ /					
/ /					

Balance In	Balance Out	End Balance

Signed _____ Date __/____/_____

Notes:

Reporting Period From _____ **To** _____

Balance Carried Forward _____

Date	Purpose	Cash in	Cash out	Balance	Signed
/ /					
/ /					
/ /					
/ /					
/ /					
/ /					
/ /					
/ /					
/ /					
/ /					
/ /					
/ /					
/ /					

Balance In	Balance Out	End Balance

Signed _____ **Date** __/____/_____

Notes:

Reporting Period From _____ **To** _____

Balance Carried Forward _____

Date	Purpose	Cash in	Cash out	Balance	Signed
/ /					
/ /					
/ /					
/ /					
/ /					
/ /					
/ /					
/ /					
/ /					
/ /					
/ /					
/ /					
/ /					

Balance In	Balance Out	End Balance

Signed _____ Date __/____/_____

Notes:

Reporting Period From _____ **To** _____

Balance Carried Forward _____

Date	Purpose	Cash in	Cash out	Balance	Signed
/ /					
/ /					
/ /					
/ /					
/ /					
/ /					
/ /					
/ /					
/ /					
/ /					
/ /					
/ /					
/ /					

Balance In	Balance Out	End Balance

Signed _____ **Date** ___/____/_____

Notes:

Reporting Period From _____ **To** _____

Balance Carried Forward _____

Date	Purpose	Cash in	Cash out	Balance	Signed
/ /					
/ /					
/ /					
/ /					
/ /					
/ /					
/ /					
/ /					
/ /					
/ /					
/ /					
/ /					
/ /					

Balance In	Balance Out	End Balance

Signed _____ **Date** ___/___/_____

Notes:

Reporting Period From _____ **To** _____

Balance Carried Forward _____

Date	Purpose	Cash in	Cash out	Balance	Signed
/ /					
/ /					
/ /					
/ /					
/ /					
/ /					
/ /					
/ /					
/ /					
/ /					
/ /					
/ /					
/ /					
/ /					

Balance In	Balance Out	End Balance

Signed _____ Date __/____/_____

Notes:

Reporting Period From _____ **To** _____

Balance Carried Forward _____

Date	Purpose	Cash in	Cash out	Balance	Signed
/ /					
/ /					
/ /					
/ /					
/ /					
/ /					
/ /					
/ /					
/ /					
/ /					
/ /					
/ /					
/ /					

Balance In	Balance Out	End Balance

Signed _____ Date __/____/_____

Notes:

Reporting Period From _____ **To** _____

Balance Carried Forward _____

Date	Purpose	Cash in	Cash out	Balance	Signed
/ /					
/ /					
/ /					
/ /					
/ /					
/ /					
/ /					
/ /					
/ /					
/ /					
/ /					
/ /					
/ /					

Balance In	Balance Out	End Balance

Signed _____ **Date** __/____/_____

Notes:

Reporting Period From _____ **To** _____

Balance Carried Forward _____

Date	Purpose	Cash in	Cash out	Balance	Signed
/ /					
/ /					
/ /					
/ /					
/ /					
/ /					
/ /					
/ /					
/ /					
/ /					
/ /					
/ /					
/ /					

Balance In		Balance Out		End Balance	

Signed _____ **Date** ___/____/_____

Notes:

Reporting Period From _____ **To** _____

Balance Carried Forward _____

Date	Purpose	Cash in	Cash out	Balance	Signed
/ /					
/ /					
/ /					
/ /					
/ /					
/ /					
/ /					
/ /					
/ /					
/ /					
/ /					
/ /					
/ /					

Balance In	Balance Out	End Balance

Signed _____ Date __/____/_____

Notes:

Reporting Period From _____ **To** _____

Balance Carried Forward _____

Date	Purpose	Cash in	Cash out	Balance	Signed
/ /					
/ /					
/ /					
/ /					
/ /					
/ /					
/ /					
/ /					
/ /					
/ /					
/ /					
/ /					
/ /					

Balance In	Balance Out	End Balance

Signed _____ Date __/____/_____

Notes:

Reporting Period From _____ **To** _____

Balance Carried Forward _____

Date	Purpose	Cash in	Cash out	Balance	Signed
/ /					
/ /					
/ /					
/ /					
/ /					
/ /					
/ /					
/ /					
/ /					
/ /					
/ /					
/ /					
/ /					

Balance In	Balance Out	End Balance

Signed _____ Date __/____/_____

Notes:

Reporting Period From _____ **To** _____

Balance Carried Forward _____

Date	Purpose	Cash in	Cash out	Balance	Signed
/ /					
/ /					
/ /					
/ /					
/ /					
/ /					
/ /					
/ /					
/ /					
/ /					
/ /					
/ /					
/ /					

Balance In	Balance Out	End Balance

Signed _____ Date __/____/_____

Notes:

Reporting Period From _____ **To** _____

Balance Carried Forward _____

Date	Purpose	Cash in	Cash out	Balance	Signed
/ /					
/ /					
/ /					
/ /					
/ /					
/ /					
/ /					
/ /					
/ /					
/ /					
/ /					
/ /					
/ /					
/ /					

Balance In	Balance Out	End Balance

Signed _____   **Date** ___/____/_____

Notes:

Reporting Period From _____ **To** _____

Balance Carried Forward _____

Date	Purpose	Cash in	Cash out	Balance	Signed
/ /					
/ /					
/ /					
/ /					
/ /					
/ /					
/ /					
/ /					
/ /					
/ /					
/ /					
/ /					
/ /					

Balance In	Balance Out	End Balance

Signed _____ Date __/____/_____

Notes:

Reporting Period From _____ **To** _____

Balance Carried Forward _____

Date	Purpose	Cash in	Cash out	Balance	Signed
/ /					
/ /					
/ /					
/ /					
/ /					
/ /					
/ /					
/ /					
/ /					
/ /					
/ /					
/ /					
/ /					

Balance In	Balance Out	End Balance

Signed _____ Date __/____/_____

Notes:

Reporting Period From _____ **To** _____

Balance Carried Forward _____

Date	Purpose	Cash in	Cash out	Balance	Signed
/ /					
/ /					
/ /					
/ /					
/ /					
/ /					
/ /					
/ /					
/ /					
/ /					
/ /					
/ /					
/ /					

Balance In	Balance Out	End Balance

Signed _____ Date __/____/_____

Notes:

Reporting Period From _____ **To** _____

Balance Carried Forward _____

Date	Purpose	Cash in	Cash out	Balance	Signed
/ /					
/ /					
/ /					
/ /					
/ /					
/ /					
/ /					
/ /					
/ /					
/ /					
/ /					
/ /					
/ /					
/ /					

Balance In	Balance Out	End Balance

Signed _____ **Date** __/____/_____

Notes:

Reporting Period From _____ **To** _____

Balance Carried Forward _____

Date	Purpose	Cash in	Cash out	Balance	Signed
/ /					
/ /					
/ /					
/ /					
/ /					
/ /					
/ /					
/ /					
/ /					
/ /					
/ /					
/ /					
/ /					

Balance In	Balance Out	End Balance

Signed _____ Date __/____/_____

Notes:

Reporting Period From _____ **To** _____

Balance Carried Forward _____

Date	Purpose	Cash in	Cash out	Balance	Signed
/ /					
/ /					
/ /					
/ /					
/ /					
/ /					
/ /					
/ /					
/ /					
/ /					
/ /					
/ /					
/ /					

Balance In	Balance Out	End Balance

Signed _____ Date __/____/_____

Notes:

Reporting Period From _____ **To** _____

Balance Carried Forward _____

Date	Purpose	Cash in	Cash out	Balance	Signed
/ /					
/ /					
/ /					
/ /					
/ /					
/ /					
/ /					
/ /					
/ /					
/ /					
/ /					
/ /					
/ /					

Balance In	Balance Out	End Balance

Signed _____ **Date** __/____/_____

Notes:

Reporting Period From _____ **To** _____

Balance Carried Forward _____

Date	Purpose	Cash in	Cash out	Balance	Signed
/ /					
/ /					
/ /					
/ /					
/ /					
/ /					
/ /					
/ /					
/ /					
/ /					
/ /					
/ /					
/ /					

Balance In	Balance Out	End Balance

Signed _____ **Date** __/____/_____

Notes:

Reporting Period From _____   **To** _____

Balance Carried Forward _____

Date	Purpose	Cash in	Cash out	Balance	Signed
/ /					
/ /					
/ /					
/ /					
/ /					
/ /					
/ /					
/ /					
/ /					
/ /					
/ /					
/ /					
/ /					

Balance In	Balance Out	End Balance

Signed _____   Date __/____/_____

Notes:

Reporting Period From _____ **To** _____

Balance Carried Forward _____

Date	Purpose	Cash in	Cash out	Balance	Signed
/ /					
/ /					
/ /					
/ /					
/ /					
/ /					
/ /					
/ /					
/ /					
/ /					
/ /					
/ /					
/ /					

Balance In		Balance Out		End Balance	

Signed _____ Date ___/____/_____

Notes: